AF313864

SCULPTEURS ALLEMANDS

RENÉE SINTENIS

par RENÉ CREVEL

COLLECTIONS

" LES PEINTRES NOUVEAUX "
" LES SCULPTEURS NOUVEAUX "
" LES GRAVEURS NOUVEAUX "

Ces collections commencées en 1919, sont les premières
en date des collections documentaires à bon marché sur
l'art contemporain. En dépit de l'élévation des prix de
fabrication, elles demeurent les moins chères et font place
à toutes les valeurs expressives de l'art d'aujourd'hui, en
dehors de tout parti pris d'école. Les peintres étrangers y
ont leur place marquée.

Confiées à des écrivains hautement qualifiés, les études
critiques sont accompagnées de renseignements sûrs, le
plus souvent inédits. Enfin, la série de portraits gravés par
le maître xylographe Georges Aubert forme une icono-
graphie aussi exacte qu'attrayante, la plupart étant faits
spécialement, et souvent d'après un dessin de l'artiste
même auquel la brochure est consacrée.

Il paraît au moins un volume par mois.

ÉDITION DE LUXE

Il est tiré de chaque volume 165 exemplaires numérotés (dont 15
hors commerce) sur papier pur fil Lafuma pour le texte et sur beau
papier couché pour les gravures, avec une épreuve sur chine du portrait
tiré sur le bois original, numérotée et signée par l'artiste. Prix, 12 francs.
Pour les souscripteurs à vingt brochures au moins. Prix, 10 francs.

SCULPTEUR/ ALLEMANDS

RENÉE SINTENIS

par RENÉ CREVEL

PORTRAIT
GRAVÉ SUR BOIS PAR GEORGES AUBERT

NOTE BIOGRAPHIQUE

RENÉE SINTENIS

Née à Glatz, en Silésie, en 1888.

Sa famille, d'origine huguenote s'appelait Saint-Denis.

Mme Renée Sintenis a travaillé à l'Académie de Berlin de 1908 à 1911.

Elle est la femme du peintre et célèbre typographe E.-R. Weiss, professeur à l'Académie des Beaux-Arts de l'Etat, à Berlin.

Elle vit à Berlin.

On peut se procurer des reproductions photographiques d'œuvres de Mme Sintenis, en s'adressant aux Galeries Flechtheim, à Berlin, Lützowufer 13, et à Düsseldorf, Reid et Lefèvre, 1 A King Street, St-James, Londres et E. Weyhe, 794, Lexington Avenue, New-York.

FRITZ
1923
(Musée de Dortmund et coll. Hess, Berlin)

RENEE SINTENIS

Pédante, phtisique et corsetée, la Pompadour avait jeté un mauvais sort à l'Europe.

Depuis le XVIIIe siècle, par la faute de cette pimbêche, de la Sibérie à l'extrême pointe du Finistère, pas une main droite dont le petit doigt ne s'esbignât, poseur recroquevillé, tortillonné chaque fois qu'il s'agissait d'approcher d'une bouche un verre, une tasse.

Et voilà pourquoi, il y avait si loin de la coupe aux lèvres.

Même les plaines du Nord, ces géantes qu'on avait pourtant mille raisons de croire soumises au vent, ne revaient que brimborions, colifichets. Potsdam oubliait son lac, ses simples arbres. Le plâtre s'accrochait en guirlandes aux murs de Sans-Souci.

Perspectives truquées, ruines d'apparat, salmigondis de gondoles, raclures de sérénades, tronçons de torticolis, ce méli-mélo de mignardises devait bien finir par révolter les ménades que les menus menuets ne mèneront plus. Les grands gars septentrionaux gênés aux entournures se sont mis nus.

Que l'agonie des arbres attriste les cités grelottantes qui ont froid aux yeux et jusque sous les bras, Berlin n'est pas de ces midinettes épilées.

Douce fourrure végétale, son Tiergarten moutonne, frémit. Au soleil d'avril, fond la glace dernière pudeur de l'hiver. Une longue jeune femme s'est baissée pour mieux entendre battre le grand cœur souterrain. Promeneuse des aubes claires, Mme Renée Sintenis, à franches, à pleines mains, va ravir au sol de quoi modeler un nouvel Adam.

Les doigts sculpteurs le feront digne du jour tout neuf, dédaigneux de la rhétorique, solide sur de longues jambes qui n'iront point s'égarer dans les méandres du péché originel.

Le serpent ne l'arrêtera, non plus que la tentation du fruit défendu. Bien campé, avec des pattes que la jeunesse fait joliment pataudes, il a des muscles qui dispensent de crises morales. Donc, tant pis, pour les pommes cul de jatte et les divers exemplaires de la gent rampante, des vrais cheveux sur la soupe. Mme Renée Sintenis ne veut point de son Adam faire un damné. Athlète au corps simple, il méprisera les produits des trop savants espaliers et n'aimera guère, non plus, le bouillon gras aux chichis mécaniques.

S'il a faim il croquera son poing.

Il sait qu'il lui en repoussera un plus fort.

S'il a soif, il boira un grand coup d'air acidulé.

Son argile que le mouvement, de minute en minute, a durcie, maintenant invulnérable ne craint ni les pointes ni les piques des beaux esprits.

Le langage des critiques d'art lui donne le fou rire, à cet indomptable.

Alors, contremaîtres des grandes usines à juger, ventriloques de la pensée, ô vous dont le fausset voudrait contrefaire, couvrir la profonde voix mystérieuse, on ne sait d'où venue, raisonneurs à froid, docteur ès discussions, la paix avec votre baragouin technique, vos petites histoires corporatives, articles, discours, à propos de bottes, music-hall, sport, foire aux puces, jeux de sexes. Gargarisez-vous de termes quintessenciés, de qualificatifs ésotériques.

Mme Renée Sintenis que n'ont point troublée tant d'architectures dans le vide, ne va point chercher midi à quatorze heures.

Elle demande au boxeur de boxer et le boxeur boxe, comme boxe le colosse et placide Schmeling, de toutes ses forces, de toute son innocence.

L'Innocence.

Voilà enfin le mot lâché.

Oui, l'innocence, le beau secret perdu, le miroir aux miracles, où, de se regarder, l'Adam boxeur se verra Orphée. Le moindre de ses gestes est une chanson. Le chantre autochtone, l'harmonieux jailli de la terre nordique, sans se donner même la peine d'ouvrir la bouche, entraînera dans sa danse les petits des animaux. Et ce ne sera point une pavane pour une infante défunte. Les jolies cabrioles nieront la mort. La cachucha jettera tous les membres juvéniles en défi à la morgue administrative, aux hiérarchies pincées, à la vanité humaine, à l'ennui de la soi-disant civilisation.

Nul grade, nul honneur dorénavant, n'excuseront les jarrets raidis, les hanches soudées.

N-i. Ni Fini le règne des mal bigornés.

Plus de boîteux, plus de bossus, plus de borgnes, plus de manchots.

Une femme respecte le bonheur.

Le faune qu'elle a pétri, s'ébroue.

Bien fait pour le sempiternel, traditionnel masochisme promu à la dignité d'instinct. L'univers, saoul, joyeux comme un bébé nègre ne parle plus d'économiser ses forces. Il s'en donne. Encore un verre d'oxygène. Ce sera plus beau que le Châtelet de nos cinq ans, plus incroyable que la scène du Moulin-Rouge, quand le métis mauve, l'unijambiste, qui oublie de s'apitoyer sur son malheureux sort, soudain commence à pivoter et son pilon centre d'un cercle illimité, tourne, tourne, supérieur en extase à ses frères et sœur bipèdes.

Alors, qu'un éléphanteau se réjouisse d'autant plus, d'autant mieux de ses quatre pattes, et, puisqu'il porte le pantalon des gars du milieu, très évasé dans le bas qu'il fasse à lui tout seul un couple danseur de java.

Mme Renée Sintenis lui a donné de belles oreilles végétales, largement épanouies, qui n'entendront jamais les colères des cornacs.

Vive donc le bal musette.

Décidément c'est jour de fête.

Nul n'osera parler de brancard aux petits des chevaux, ni de laisse aux bébés chiens.

Il naquit un poulain sous des feuilles de bronze a écrit le poète Saint Léger Léger.

Au Tiergarten berlinois, la végétation n'a pas le temps de se métalliphier.

Mais l'oriental airain, trop pesant pour qu'on songe à l'accrocher aux branches des transparences nordiques, c'est de lui, que, par juste réciprocité jailliront les poneys chevelus, quand la Terre durcie, ne voudra plus rien donner d'elle.

Bel hiver, ici, craquant de neige, de gel, ailleurs, un encens fétide asphyxie les villes. De toutes, pas une autre qui triomphe du brouillard, de la fumée.

Pourtant, il y'villes et villes.

Les villes qui... les villes que...

Les gothiques et qui ne l'oublieront jamais, deux doigts de leurs mains à mitaines ogivales, toujours levés au ciel, sous prétexte de cathédrales, les bourgeoises fières de leurs immeubles néo Louis XVI et des salons où des amours repus, fessus, ventrus, pansus, cossus, dodus, joufflus, de tout le plâtre de leurs yeux ronds, contemplent le mimosa mimosant et les palmiers que des rubans fleurissent, pavoisent aux couleurs de la maîtresse de maison.

Il y a encore les villes courtisanes — pour être poli — amoureuses des bruns excessifs, un foulard écarlate autour du cou, une lanterne rouge en guise de drapeau, les pieds à la torture dans des souliers mordorés avec application de serpent et à talons trop hauts. Celles-là font de l'œil, avec n'importe quel bec de gaz et la moindre enseigne d'hôtel meublé, ce dont rougissent les rococos, plus incroyables que les reines des jeux de cartes suisses qu'on passe en fraude à la douane. Les villes au passé sombre, tâchent d'inspirer confiance par un embonpoint bonhomme. Quant aux sadiques, elles sont toujours prêtes au jeu de la cour d'assises et de la guillotine. Il y a encore les villes femmes, nourries de plumes d'autruche, ivres de cocktails à l'eau de Cologne, les villes jeunes filles, au bord des fleuves qui ne servent à rien, les villes hommes, avec boutiques de cravates, raquettes en trophées, clubs pour dieux adolescents.

Toutes, dès l'automne, se rident, se talent.

Malgré les bains à l'eau de pluie, les voilettes de brunes, les maquillages d'affiches lumineuses, un coup de vent et une fraîcheur se métamorphose en teint de brique.

Dès le premier froid, s'écaillent les façades.

Ainsi, Oxford la sportive au regard limpide, prête à troquer la science de tous les continents et de tous les âges contre une bouteille d'old Port corsé d'épices, Oxford, pourtant au vert parmi les prairies, a beau essayer de la bonne humeur, on ne peut tout de même plus la prendre pour une pucelle.

Les plaies des pierres affirment que le salpêtre c'est ia syphillis des murs.

La nature dans ses trois règnes, s'avoue vulnérable. Créatures et cités craignent plus encore l'agonie que la mort. Vivre veut dire qu'on oublie l'une et l'autre.

Parce que des palais pourrissent au bord des flots, hantés par des histoires de lagunes et de miasmes, un vieil ouvrier, décoré, lui-même, de ce que nos ancêtres appelaient la croix de Malte de l'Amour, demande au concierge de l'hôpital, à quel pavillon il faut s'adresser « pour les maladies vénitiennes ».

Mais la fièvre adriatique s'épanouit au soleil méditerranéen. A nous les fines fleurs de civilisation qui ne peuvent manquer de donner des fruits. Le verger des élégies millénaires, le potager des parchemins grecs, des épopées latines, après vingt siècles ne sont pas dévastés. Même les plus beaux appétits savent encore y trouver de quoi se repaître. Jusqu'à l'indigestion. Or, voici que soudain, les rats de bibliothèque ont mal au ventre, à la tête. Ils ne veulent plus rien savoir et refusent même un grog à l'encre servi très chaud. Que **va donc** bien pouvoir grignoter maintenant cette humanité rongeuse qui déserte les musées, où elle allait, gratis, se réchauffer et refaire son joli teint de papier mâché par une cure de sandwichs à la poussière?

C'est l'appel du Nord, mes agneaux.

Du Nord vers quoi vous mèneront des beaux rapides à noms d'étoile.

A Berlin, les canaux gèlent en liberté.

Quant à la Sprée, nul n'en dit du mal, bien que les absents aient toujours tort et qu'on ne sache guère où a bien pu passer cette rivière, si joliment affublée d'une syllabe valseuse.

Poulains d'hiver, poulains de bronze, aussi joyeux que vos frères d'été, les poulains de terre, dansez avec ces petits garçons nus comme des faons qui viennent de naître, plus innocents que des biches et plus agiles que l'antilope.

Toute la faune de Renée Sintenis sourit parce que le gel a des yeux mauves très pâles, une grande mèche blanche à force d'être blonde qui lui barre le front. Et aussi, ça sent bon la violette comme avant la neige.

Alors les animaux du Zoo, et même, dans cet aquarium si cher à Huysmans, les crocodiles, pourtant rois d'un entresol feutré d'un parfum de pain chaud et de corps après l'amour, tous se mettent à envier leurs frères de métaux et d'argile, prêts à une course folle, dont l'élan, par nulle grille ne sera brisée.

La plaine septentrionale, la géante, à jamais dédaigneuse des caprices tarabiscotés ne contredit plus à la voix du vent.

Et le vent, à la gloire d'une cité très continentale a ressuscité les vagues dans la plus belle des piscines, s'enroule, écharpe autour des épaules de Mme Renée Sintenis et joue à la balle avec ses griffons.

Les galeries couvertes, à Milan, mieux que le Dôme et la fresque trop célèbre, nous aident à comprendre pourquoi Stendhal voulut l'épitaphe :

ARIGHO BEYLE MILANESE

Ainsi, le joli remue-ménage d'animaux et d'adolescents échappés des doigts de Renée Sintenis, à force de jouer aux quatre coins, de bondir, dociles aux quatre vents de l'esprit, quatre à quatre aux quatre points cardinaux, prouvent l'actuelle jeunesse de Berlin.

René CREVEL.

Leysin, août 1929.

POULAIN COUCHÉ

Foal Lying down.   1928   Liegendes Pferdchen.

(Collections A. Conger Goodyear, New-York, et Dr Hahnloser, Winterthur)

L'ŒUVRE PLASTIQUE DE Mme RENÉE SINTENIS

1914-1930

I

Petits bronzes

ANIMAUX

Poulains, chevreuils, gazelles, chèvres, chiens, lamas, éléphants, ânes, dromadaires, etc., etc...

Possèdent des animaux de Mme Renée Sintenis :

La Galerie Nationale de Berlin, les musées d'Aix-la-Chapelle, Chicago, Cologne, Danzig, Denver (Colo.), Détroit (Mich.), Dortmund (Westphalie), Dresde, Dusseldorf, Elberfeld, Francfort, Glasgow, Londres, New-York, Rotterdam, Vienne, Wintherthur, Zurich.

14

Collections importantes :

Chez MM. Alfred Flechtheim, Fritz Hess, et Mme Rosenheim,
à Berlin; chez M. Hermann Lange et le Dr Raemisch, à Crefeld;
chez M. Oskar Reinhart à Wintherthur et chez M. Stoop,
Mmes Courtauld et Workman, à Londres; chez M. Allan
Arthur, à Montgomery (Ecosse); chez M. Brewster à Chi-
cago; chez Miss Ethel Ford, à Détroit; chez M. Conger
Goodyear et M. Scofield Thayer à New-York; chez M. Kuno
Kocherthaler, à Madrid, et Mme Króller-Müller, à La Haye.

HOMMES ET FIGURES DE SPORT

Torses de femmes. Baigneuses, Daphne. Indienne. Fritz. Le
danseur Jean Börlin. Le boxeur Brandl. Le coureur Nurmi. Le
joueur de football. Le joueur de polo (Prix Weininger du Polo-
club de Berlin). Le cavalier. Polo. Le boxeur Helmut Hartkopp,
etc., etc.

Possèdent de ces sculptures les musées de Berlin, Chicago,
Cologne, Détroit, Düsseldorf, Gelsenkirchen, Helsingfors, Leipzig,
Londres, Nuremberg, Prague et Vienne, les collections Goodyear,
Thayer, Brewster, Rust, Crocker, Josef v. Sternberg, Helen Wills,
Schmeling et d'autres aux Etats-Unis, de Maré, James H. Hyde,
Mmes Pierre Renoir et la Princesse Bassiano à Paris, Mme Kröl-
ler-Müller à La Haye, Baron v. d. Heydt à Ascona, Hahnloser et
Reinhart à Winterthur, Borst à Stuttgart, Comte Yorck et Max
Silberberg en Silésie, Hermann Lange et Dr. Raemisch à Cre-
feld, Alfred Flechtheim, Fritz Hess et Mme Rosenheim à Berlin.

II

PORTRAITS

Trois portraits de l'artiste par elle-même (1922-1923 et 1926)
(aux musées de Brême, Cologne, Danzig, Détroit, Dresde, Düsseldorf et Vienne), du poète Ringelnatz (Musée de Vienne), du
poète Hans Siemsen (Musée de Brême), du poète Ernest Toller
(Musée de Mannheim), de l'acteur Paul Graetz (Musée de Brême), de l'explorateur Bengt Berg (Musée de Stockholm) et d'autres.

III

ANIMAUX (*Hauteur 75 cm.*)

Poulain 1921 (Coll. Georg. Hartmann, Francfort).

L'âne de Seelow 1927 (Musée de Détroit et dans les jardins de M. Simon à Seelow, Hess-Berlin et Dr. Raemisch-Crefeld).

Le jeune bouc 1928 (dans le Tiergarten de Berlin et dans les jardins de M. Lange, à Crefeld, de M. Ullstein et du Dr. Sintenis, à Berlin).

Le grand poulain 1929, dans les jardins du Dr. Emden, à Ascona, de M. Reinhart, à Winterthur, de M. Borst à Stuttgart).

Le chevreuil 1930 (Berlin, Galerie Fleichtheim et coll. Hans Arnhold à Berlin).

IV

MEDAILLES ET PLAQUETTES

Olympiade rhénane argent, 1924; Médaille pour Arts et Sciences, argent, 1925; La Médaille de Sauvetage, bronze, 1925; La nouvelle pièce de trois marks, argent, 1925.

Mme SINTENIS A NEW-YORK

EXTRAITS DE PRESSE

Vanity Fair publie son portrait dans son numéro de février 1929 et écrit :

« We nominate for the hall of fame Renée Sintenir because she is the most interesting of women sculptors and because her work is becoming increaslingly important, because she has developpd a technique definitely her own and because her animal sculpturs are distinctive and nodern without being outré; and finaly because she has just had her first American one-man exhibit et the Weyhe Gallery, with Enormoús success.

Survey Graphic écrit :

« Among the younber sculptors Renée Sintenis has a distinguished place for her fine animals and bronze athletic figures. She is erself an exemple of the modern german women who loves the out-of-doors, as is indicated by her powerful etching reproduced, a self-portrait from the collection of Otto Lambert New-York. »

EXPOSITIONS

Mme Renée de Sintenis expose régulièrement aux Galeries Flechtheim de Berlin et Düsseldorf et à la Galerie Weyhe de New-York et chez MM. Reid et Lefèvre, à Londres.

Elle a exposé aussi à Paris, Galerie Hodebert-Barbazanges, janvier 1928 et Georges Bernheim, décembre 1929; Bruxelles, Galerie Le Centaure, mars 1928; Rotterdam, Huize van Hasselt, mai 1928; Londres et Glasgow, Galeries Reid et Lefèvre, avril et mai 1929; Vienne, Galerie Würthle, avril 1927; Stockholm Svensk-franska Konstgalleriet, avril 1930 et aux musées de Détroit, Chicago et Zurich 1928 et 1929.

Donkey   1923   Esel

(Collct. Kroeller, La Haye et Paul von Mendelssohn, Berlin)

JEUNE LAMA

Young Lama   1924   Junges Lama
(*Collect. Marc Chagall, Dr. Omer Wilhelm et M. von Hoesch, Paris*)

JEUNE ZÉBU

Young Zebu   1924   Stehendes Zebu
(Collect. Mme Jean Renoir, Paris et Rockfeller, New-York)

POULAIN RUANT

Foal Kicking   1924   Ausschlagendes Fohlen

(Collections J. Allan Arthur, Montgomery (Ecosse) et Fritz Hess, Berlin)

JEUNE ANE

Young donkey. 1925 Junger Esel.

(Collections S. Courtauld, Londres, et Templedon Crocker, S. Francisco.)

POULAIN FOLATRE
1925

Frolicsome Foal.   Mutwilliges Fohlen

(Collections Paul Eluard, Paris, et Scofield Thayer, New-York)

CHIEN ASSIS
1925

Puppy   Sitzender Hund

(Collections Mme Pierre Renoir, à Paris, et Mme Rosenheim, Berlin)

JEUNE ÉLÉPHANT
1926
Young Elephant   Junger Elephant
(Collections Mrs R. A. Workman, Londres, et Mr Rust, Chicago)

JEUNE CHIEN
1928
Puppy.   Junger Hund.
(Mme Marie Laurencin, Paris, et Comte York, en Silésie)

POULAIN SE LÉCHANT

Foal licking itself.

1928

Sich leckendes Fohlen.

(Musée de Denver (Colo) et Coll. Courtauld, Londres)

Young Ox.

JEUNE BŒUF
1929
(Collections Kroeller, La Haye, et Musée de Chicago)

Junger Ochse.

POULAIN AU GALOP
1929
(*Musée de Chicago et Coll. van Deventer, La Haye*)

Foal galloping. Jagendes Fohlen.

Barking Dog.
LE CHIEN QUI ABOIE
1929
(*Coll. Lange et Dr. Raemisch, à Crefeld, et Harrimah, New-York*)
Bellender Hund.

LE POÈTE JOACHIM RINGELNATZ
1923
The poet Joachim Ringelnatz.   Der Dichter Joachim Ringelnatz
(Musée de Vienne)

RENÉE SINTENIS

Selfportrait   1923   Sebeltportrait

(Musées de Cologne, Détroit, Dresde et Vienne)

L'EXPLORATEUR BENGT BERG
1929
The explorer Bengt Berg.   Der Forschungsreisende Bengt Berg.
(*Musée de Stockholm*)

LE COUREUR NURMI

The Runner Nurmi.   1926   Der Läufer Nurmi.
(*Berlin Galerie Nationale et Musée de Düsseldorf et d'Helsingfors*)

L'ANE DE SEELOW

The Donkey of Seelow.   1927   Der Esel von Seelow.

*(Musée de Détroit. — Coll. Simon à Seelow, Hess à Berlin
et Dr Raemisch à Crefeld (hauteur 75 centimètres)*

JOUEUR DE FOOTBALL

Playing Football.   1927   Fussballspieler.
*(Musée de Nuremberg et collections Kroeller, La Haye,
et Ernest Hemingway, New-York)*

GRAND JEUNE BOUC
Big young Goat.   1928   Grosser junger Bock
Bronze (Hauteur 75 centimètres)
(Collection de la ville de Berlin, et collection Lange, à Crefeld)

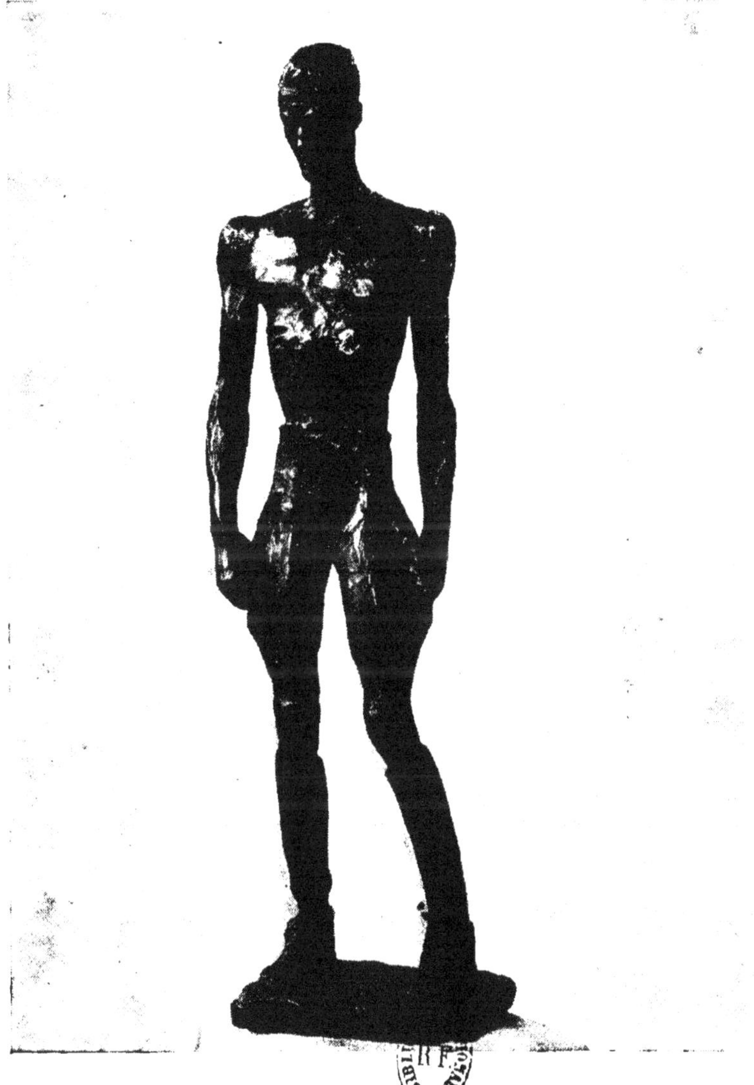

LE CAVALIER
1929

Horseman   Der Reiter
(*Col. Henkel, Düsseldorf et Strecker, Paris et New-York, Weyhe-Gallery*)

POLO
1929
(Musée de Rotterdam et Collection Max Silberberg, Breslau)

LE BOXEUR HARTKOPP
1930

The Boxer Hartkopp   Der Boxer Hartkopp

*(Musée de Cologne, Coll. de Maré et René Berger, Paris,
et à New-York, chez Max Schmeling)*

LE GRAND POULAIN

The big foal.   1929   Das grosse Fohlen.

Bronze (Hauteur 75 centimètres)

(Collections O. Reinhart, Winterthur et Hugo Borst, Stuttgart)

" LES PEINTRES NOUVEAUX "

Voir au dos les derniers volumes parus

LES GRAVEURS NOUVEAUX

PISSARO, par Claude Roger-Marx.
DELACROIX, par Claude Roger-Marx.

A paraître :

J.-E. LABOUREUR, par Roger Allard.
D. GALANIS, par André Malraux.
HERMINE DAVID, par Maurice Chevrier.

LES PEINTRES NOUVEAUX

Derniers volumes par :

28. CHARLES PÉQUIN.
29. G. DE CHIRICO.
30. MOÏSE KISLING.
31. MARC CHAGALL.
32. P.-A. RENOIR.
33. FRANÇOIS QUELVÉE.
34. LE DOUANIER ROUSSEAU
35. COUBINE.

36. FERNAND LÉGER.
37. MAN RAY.
38. PAUL KLEE.
39. BOSSHARD.
40. SEVERINI.
41. MASSON.
42. MARCOUSSIS.
43. SIMON BUSSY.

En préparation :

LA PATELLIÈRE, DETTHOW, SEURAT, JUAN GRIS, MÉLA MUTER, CERIA, LOTIRON, Etc.

LES SCULPTEURS NOUVEAUX

1. DESPIAU.
2. JOSEPH BERNARD.
3. E.-A. BOURDELLE.
4. FRANÇOIS POMPON.
5. MAILLOL.

6. CHANA ORLOFF.
7. LIPCHITZ.
8. ZADKINE.
9. MANOLO.
10. GIMOND.

A paraître :

BOUCHARD, par Paul Vitry, conservateur au musée du Louvre.

ARONSON.   A. MARQUE.

Etablissements Busson, Imprim. 117, r. des Poissonniers, Paris (18e)